PETIT

DICTIONNAIRE

ULTRA.

PETIT

DICTIONNAIRE

ULTRA,

Précédé d'un essai sur l'origine, la langue
et les œuvres des Ultra;

PAR UN ROYALISTE CONSTITUTIONNEL.

A PARIS,

Chez **MONGIE** Aîné, Libraire, boulevart
Poissonnière, N° 18.

1823.

ESSAI

SUR L'ORIGINE, LA LANGUE ET LES OEUVRES DES ULTRA.

C'EST en vain que de nos jours, c'est-à-dire depuis quelques années, on a essayé de calomnier la révolution française dans ses principes et dans ses causes : elle était l'expression d'un vœu national ; elle fut l'œuvre de la nation tout entière. Si, comme le prétendent ses détracteurs, elle n'eût été que le rêve de quelques ambitions vulgaires, si le peuple français n'eût point conspiré unanimement pour sa liberté, où donc aurait abouti l'audace de ces Gracques nouveaux, abandonnés à eux-mêmes et privés des secours de la puissance populaire ? L'éloquence tribunitienne a bien pu autrefois, au milieu du Forum, ameuter contre l'orgueil du sénat quelques tribus romaines; mais la sédition n'avait qu'un règne éphémère , et la roche Tarpéienne punissait bientôt l'imprudent orateur qui avait trop compté sur un moment d'effervescence. Il faut qu'un grand peuple soit bien pénétré du besoin de la liberté , pour qu'il cherche à la conquérir par de longs et de sanglans sacrifices : il ne se précipite pas au milieu des périls, guidé par le seul plaisir de les braver; alors qu'il se jette tout armé dans la carrière des révolutions, on peut juger qu'il y est appelé par la voix de l'expérience , par le souvenir de grands malheurs et l'espoir d'en détruire la cause. Mais s'il sort victorieux de la lutte terrible qu'il a eu à soutenir; s'il est enfin parvenu à consolider l'ouvrage de sa régénération politique , combien les intérêts d'une liberté qui lui a coûté tant d'efforts et de sacrifices lui deviennent chers, combien toute atteinte portée à ce bien précieux , lui cause de douloureux regrets ? Chaque citoyen semble blessé en même temps dans ses plus tendres affections , car chaque citoyen a concouru pour sa part au succès de l'entreprise.

Vingt - cinq ans avaient identifié toutes les classes de la société avec la révolution ; un peuple tout nouveau était , pour ainsi dire , sorti des ruines de l'ancien édifice social qui s'était écroulé sur ses vieux fondemens. De nouvelles mœurs avaient régénéré le caractère national , et le glaive même d'un conquérant n'avait pu altérer cette physionomie mâle et fière d'un peuple qui pardonnait tout à la gloire : indulgence funeste peut-être , mais qui avait son principe dans une erreur généreuse. Enchaîné au char du triomphateur qui accumulait sur son front les lauriers et les diadêmes, il ne prévoyait pas les expiations de la victoire ; mais cette victoire fidèle si long-temps aux drapeaux de la France, a déserté la tente du guerrier, qui en opprimant la liberté publique, avait cependant respecté l'égalité civile. Des revers inouis dans les fastes de l'histoire, le précipitent d'un trône où l'avait placé son génie, et la France toute sanglante encore des blessures de l'anarchie et de l'invasion étrangère, vient se réfugier sous l'antique bannière des lis. La restauration consacrait l'œuvre de la révolution française, et le monarque, en nous accordant un pacte, garant de nos droits et de nos libertés, comblait tous les vœux, satisfaisait toutes les espérances. La France allait donc enfin se

reposer à l'abri du trône constitutionnel.

Cependant une race d'hommes sin-
guliers par leurs habitudes et leur langage, s'élève au milieu de nous : tout
annonce en eux une origine extraordinaire ; leur physionomie triste et
maussade contraste avec le bonheur
qui respire sur toutes les autres physionomies. Leur petit nombre néanmoins empêche d'abord que leur ap-
parition dans le monde politique,
puisse exciter quelque sensation.
Bientôt aux regrets du temps passé
et des vieux préjugés succèdent des
plaintes contre le bienfait politique
du monarque : on accuse sa bonté ,
sa sagesse. Le nombre de ces mécon-
tens composé d'abord d'hommes de-
venus tout - à - fait étrangers à la
France, se grossit d'anciens apôtres
de la tyrannie aristocratique, féodale
et religieuse. Ils appellent dans leurs

rangs toutes les hypocrisies, celles de la fidelité comme celles de la dévotion. Leurs écrits proclament déjà tous les avantages de l'ancien régime, en chargeant le nouveau de calomnies, en insultant à l'amour propre national, dans ce qu'il avait de plus cher, c'est-à-dire dans la gloire militaire. A ces sourds frémissemens qui effrayent la confiance publique, la France entière s'est émue; elle lève les yeux vers le trône constitutionnel, et quand le monarque, éclairé sur ses périls, veut rassurer son peuple, il n'est plus temps; les fanatiques ont détruit, autant qu'il était en eux, son sublime ouvrage et rouvert toutes les plaies de la France.

Ce parti avait provoqué les nouveaux périls du trône; il avait comprimé l'élan de la nation qui le voulait défendre; faible et pussillanime, il ne pouvait lui offrir que les secours toujours impuissans de la calomnie et de l'injure, et tous ses efforts, tout son dévouement, se bornaient à escorter de ses vœux la monarchie jusqu'à la frontière. Tandis que la France entière gémissait sur les maux que l'avenir lui préparait, lorsque tout était triste, silencieux, ce parti conservait seule une inaltérable sérénité, il semblait sourire à l'entier accomplissement de ses criminelles espérances. La restauration de 1814 n'avait été pour lui qu'un désappointement, et une seconde restauration, opérée par le fer des étrangers, ouvrait à son ambition une carrière sans limites. Comme il appelait, comme il saluait déjà les drapeaux du nord! L'auguste frère de Louis XVI, proclamait la clémence du sein de la terre d'exil, le parti fanatique ne lui répondait que par le cri de la vengeance.

On pouvait croire néanmoins que cette nouvelle leçon éclairerait enfin sa déplorable indocilité. La France est envahie de toutes parts ; l'étranger souille une seconde fois la capitale de ses trophées : le parti fanatique court s'associer à ses triomphes, il réclame une part dans le succès. On le vit baiser la main fumante encore du sang français, et se prosterner devant les vainqueurs de Waterloo. En vain le monarque ami de son peuple, stipulait-il pour son honneur et pour ses intérêts ; en vain s'efforçait-il de désarmer la victoire étrangère. Le parti fanatique l'irritait par des calomnies, par des mensonges : une invasion générale, une occupation permanente, étaient le juste châtiment que méritait la France. Mais cette malheureuse France a vu la douleur de son roi, elle puise dans ses regards l'énergie d'une sublime résignation ; l'espoir d'un meilleur avenir descend du trône pour la consoler, et l'armée, exilant ses drapeaux aux rives de la Loire, subit sans murmure le plus cruel sacrifice, en quittant, à la voix du monarque, le glaive devant lequel pouvaient encore reculer les phalanges ennemies.

C'est alors que le parti fanatique crut pouvoir à son tour traiter la France en pays de conquête; il voulut consommer l'œuvre que les Russes, les Autrichiens, les Prussiens et les Anglais n'avaient qu'ébauché. Alors il marche la tête levée et ne prend plus la peine de déguiser ses projets insensés. Les nouveaux régénérateurs déclarent ouvertement la guerre à nos institutions; le système des cathégories est proclamé, et les cours prévôtales sont présentées comme des besoins de l'état politique, comme des remèdes efficaces pour guérir les blessures de la France. C'est d'abord sur le courage malheureux que la proscription frappe les premiers coups : des expressions calomnieuses flétrissent le soldat français ; tout ce qui appartient à l'ancienne armée est dénoncé comme rebelle, comme factieux. L'esprit de philosophie et de tolérance passe pour la sédition qui raisonne et qui discute. Chérir sa patrie, son roi et la charte, c'est être *révolutionnaire* ; les larmes qu'on accorde aux victimes de la réaction sont des vœux pour la dynastie impériale ; bien penser, c'est désirer que le pacte de notre liberté soit déchiré par le monarque qui nous l'accorda, et l'assassinat même trouve des panégyristes !

La France qui avait eu tant à souffrir des novateurs de 93, vit avec effroi ces terroristes. La dénomination d'ultra qui leur fut donnée, ne fut qu'une bien faible vengeance des maux qu'ils avaient causés ; mais du moins elle démasquait ce faux zèle, qui sous les dehors d'un royalisme exagéré, prétendait légitimer des abus et des violences. Les vrais royalistes, ceux qui confondent dans leur affection le prince, la France et sa constitution, rejetèrent avec horreur de leurs rangs ces hommes qui ne rêvaient que l'anarchie ; l'ordonnance immortelle du 5 septembre, en brisant entre les mains des ultra l'instrument du pouvoir, calma les craintes et replaça la France sous l'égide du trône constitutionnel. Les ultra frémirent en voyant la puissance leur échapper ; mais ils n'étaient pas encore vaincus, ils ne désespérèrent pas encore de la reconquérir.

La position des ultra avait changé ; ils devaient changer de tactique : alors aux philippiques audacieuses, aux déclamations furibondes est subtitué le

système des lamentations. Le bonheur
dont la France commençait à jouir,
hors des cours prevôtales et des lois
d'exception, devient pour les fanatiques le texte de plaintes scandaleuses.
La prospérité de nos provinces paisi-
bles est présenté dans les feuilles et
écrits des ultra, comme le calme avant-
coureur de la tempête. Ils montrent
déjà le poëtique fantôme d'une révolution imaginaire, s'élevant sur l'hori-
zon politique; ils assiégent le trône
de leurs craintes ridicules, et réveil-
lent adroitement les soupçons et les
alarmes.

Depuis lors ils entretiennent une
guerre intestine contre le bonheur
et la liberté de la France; délivrée
des armées étrangères, elle a trouvé
dans son sein des ennemis plus acharnés, moins généreux que le cosaque
du Don ou la Landwher prussienne.
Du moins les peuples du Nord confiè-

rent au glaive le soin de leur vengeance; ils sont venus dans les champs de batailles, nous demander raison de leurs anciens affronts, de leurs vieilles injures. Mais lorsque la fortune ou la trahison leur eut livré les clefs de la France, ils respectèrent leur ennemi; ils ne déshonorèrent point leur triomphe par la calomnie et l'outrage : il était réservé à quelques Français qui n'en ont que le nom, de se faire encore plus haïr que les Prussiens et les Russes par la France.

A quelle cause faut-il attribuer cette inquiétude qui règne dans toute la société, cette agitation funeste qui a paralysé les effets que la paix semblait promettre, cette défiance du présent qui trompe les bienveillantes intentions du monarque, si ce n'est aux déclamations des ultra, à leurs sourdes menées, à leur haine invétérée contre le régime constitutionnel, haine qu'aujourd'hui ils proclament sans pudeur. Empruntant, comme Tartuffe, *un masque qu'on révère*, les mots d'autel, de trône, de bons principes, sont sans cesse dans leurs bouches; ils ont dénaturé le sens de différentes expressions qu'ils exploitent à leur profit, et à les entendre, seuls ils sont royalistes, seuls honnêtes, seuls religieux. Mais qu'on arrache le masque à ces hypocrites, et ce fanatique qui prêche le royalisme avec tant de fureur, n'est que le mercenaire d'une police; cet honnête homme, qui maudit charitablement, tous les jours, toute la France, n'est qu'un écrivain universellement méprisé; et cet autre qui se dit seul chrétien, propose une guerre d'extermination contre quelques millions d'hommes, le tout pour l'honneur des jésuites et de l'inquisition!

Le nombre des dupes enrôlées sous

les drapeaux des ultra est bien faible, et il est douteux qu'il puisse s'augmenter : l'opinion publique donne un démenti quotidien à leurs mensonges, à leurs espérances, et d'ailleurs le monarque, qui tient dans ses mains les destinées de la France, rassure la patrie contre les tentatives des ultra : la charte sera toujours l'écueil où viendront se briser leur criminelle audace, et la France ralliée sous ce sacré palladium, n'a rien à craindre de ces menaces impuissantes ; mais au moment où le parti fanatique semble redoubler d'efforts, où les hurlemens de sa joie féroce retentissent avec plus de violence, nous croyons qu'un Dictionnaire abrégé qui explique le véritable sens des expressions qu'ils employent, des habitudes de style politique introduit dans leurs écrits, pourrait contribuer à faire mieux connaître leurs intentions. L'immense majorité des Français est royaliste constitutionnelle ; le gouvernement libéral, dont la charte est le gage , est l'objet de leur plus vif attachement ; ainsi ce n'est pas à eux que ce Dictionnaire est destiné ; mais nous avons voulu éclairer ceux que le parti fanatique a pu séduire. Il en est un certain nombre, nous l'avouons , dont le fanatisme est incurable ; mais quand nous n'en aurions guéri que quelques-uns , nous nous en féliciterions encore , comme d'un grand bonheur : ce serait la plus douce récompense de nos efforts.

Mais , comme dans le parti des fanatiques, la dénonciation est à l'ordre du jour , nous pensons qu'une profession de foi est nécessaire. Nous sommes dévoués au Roi et à la Charte, mais nous détestons le pouvoir absolu; nous sommes attachés au culte de nos pères , mais nous avons les jésuites

en horreur, sous quelques habits,
dans quelques places qu'ils se présen-
tent ; nous regardons les royalistes
comme de bons Français, comme nos
frères ; mais nous détestons les ultra,
parce qu'ils ne sont pas Français ; et
notre devise est et sera toujours :
Vive le Roi, vive la Charte !

PETIT

DICTIONNAIRE

ULTRA.

~~~~~~~~~~~~~~~~~~~~~~~~~~~~~~~~

A.

ABAISSEMENT. — Un ultra ne peut s'élever jusqu'à la hauteur d'un homme de mérite ; il cherche à l'abaisser jusqu'à lui.

ABANDON. — Mot absolument rayé du dictionnaire des ultra : ils n'abandonnent rien, ni les anciens droits du seigneur, ni les châteaux à tourelles, ni l'espoir de reconquérir les gothiques priviléges : ils n'auraient pas même abandonné le sens commun, si depuis long-temps il n'avait pris les devans.
~~~~~~~~~~~~~~~~~~~~~~~~~~~~~~~~

ABATTOIR. — Lieu où l'on égorge des animaux innocens. La place de Grève ne doit point servir *d'abattoir.*

ABATTRE. — Verbe actif et qui le serait bien davantage si on laissait faire les ultras. Quel plaisir *d'abattre* la colonne de la place Vendôme pour en faire des cloches !

ABBÉ. — Titre qui mène à tout, à la fortune, aux honneurs, aux évéchés, aux chapeaux de cardinaux, à la thiare, voire même à l'Académie.

ABIME. — Le don de la charte a fermé *l'abîme* des révolutions. (*Voir la séance du 16 mars* 1815.)

ABUS. — Les ultra comprennent, sous cette dénomination, les richesses des vilains, les grades des parvenus, l'enseignement mutuel, la liberté de la presse et la vaccine.

ACADÉMIE. — Corps constitué à l'instar de ceux des bouchers et des brasseurs de Paris ! C'est une assemblée consacrée au culte des lettres, d'où l'on chasse ceux qui pensent beaucoup et ne pensent pas bien, et où le plus beau titre littéraire est de n'avoir jamais écrit un mot de littérature.

ACCEPTER. — Verbe indispensable à un ultra comme il faut : il doit tout accepter, même ce qu'on ne lui offre pas. Un jour un grand personnage ayant donné audience à un honnête *voltigeur*, le congédia en lui disant : Monsieur, je vous donne le bonjour; je l'accepte, Monseigneur, répondit le solliciteur, en se courbant jusqu'à terre. Ce que c'est pourtant que l'habitude !

ADHÉSION. — Elle est permise quand on a peur; voir les noms des ultra qui ont *adhéré* à l'acte additionnel des cent jours.

AIGLE. — Rois des airs, symbole du

génie. *L'aigle* regarde audacieusement le soleil ; les ultra regardent audacieusement un *aigle....* quand il est empaillé.

AIL. — *Petit lait d'Henri IV, effroi des rebelles et parfum des guerriers.* L'ail a été immortalisé par la verve inspirée de M. de Marcellus, que ses amis regardent avec raison comme un Pindare *en herbe.*

ALARME. — Sentiment d'inquiétude qui précède une crainte réelle et fondée. Les ultra ne connaissent point les *alarmes :* ils commencent par avoir peur. S'adresser pour plus amples renseignemens aux maîtres de poste des routes de Coblentz et de Gand.

ALLÉGORIE. — Figure de rhétorique à l'usage des gens qui ont un peu de pudeur. Les *honnêtes gens* la dédaignent et préfèrent injurier et calomnier sans aucun voile.

ALLIANCES. — Union entre gens qui

tremblent et qui croient avoir moins peur lorsqu'ils sont plusieurs ensemble.

AMBITION. — Il y en a de deux sortes ; l'une qui a pour but la gloire , pour moyens le mérite, pour objet de son culte la patrie ; l'autre qui ne veut que des places et de l'or , qui n'emploie que la bassesse et l'adulation, et qui tombe à genoux devant un portefeuille de ministre.

Il est inutile de dire qu'elle est l'ambition des ultra.

AME. — Les bons Egyptiens croyaient à la transmigration des *âmes :* Ils pensaient qu'elles voyageaient d'un être à un autre et qu'elle animaient successivement des hommes , des animaux et même des végétaux : en appliquant ce système à notre heureux siècle, on peut assurer que M. le comte de P.... a pris l'*âme* d'un paon , M. le directeur B.... celle d'un rat, M. le procureur M.... celle d'un serpent , M. le comte de

M.... celle d'un oignon ; et M. de B....
celle d'un sot : Il n'y a pas un ultra qui ait
eu l'idée de prendre l'*âme* d'un aigle.

AMENDEMENT. — *Changement en
mieux :* C'est un vieux mot qui n'est plus à
l'usage des ultra.

AMÉRIQUE. — Nouveau-Monde et par
conséquent monde détestable. Il est bien à
regretter pour l'Amérique qu'elle soit aussi
éloignée de nous ; la Russie lui aurait pro-
curé les mêmes avantages et le même bonheur dont l'Autriche est si prodigue envers
les royaumes de Naples et du Piémont.

AMNISTIE. — Pardon politique en
vertu duquel on a le droit de punir. Exemple : les amnisties du roi de Sardaigne , du
roi de Naples et de tant d'autres.

AMORCE. — Poudre que l'on met dans

le bassinet d'un fusil. Demandez aux ultra combien ils en ont brûlé pour la défense de la patrie.

AMOUR FILIAL. — On n'en doit à ses parens qu'autant qu'ils ont le bonheur de ne pas être classés dans l'infâme cathégorie des libéraux.

ANARCHIE. — Age d'or du régime féodal, heureuse époque où les nobles pouvaient impunément braver leur prince, prendre les armes contre lui, rosser les vilains et piller les passans.

ANE. — Voyez *Bonnes-Lettres.*

ANGLETERRE. — Nation libre qui a le bonheur d'avoir le gouvernement le plus grand, le plus noble et le plus généreux de l'Europe. (*Voir les Mémoires de MM. O'Méara et Las-Cases.*)

APPÉTIT. — Thermomètre du dévouement des ultra.

APPOINTEMENT. — La mode en est
passée. Voyez *Jeton*.

APPLATISSEMENT. — Le genre humain est de temps en temps en proie à
des épidémies morales ; on pourrait nom-
mer celle qui règne maintenant chez les
ultra , *applatissement des âmes*.

ARAIGNÉE. — Insecte que les ultra ont
en aversion , attendu que son industrie a
beaucoup d'analogie avec celle de M. Ter-
naux.

ARBITRAIRE. — Justice à la Turque.
Les Turcs et leurs usages jouissent dans ce
moment ci d'une grande vogue en Europe.

ARLEQUIN. — Homme de toutes cou-

leurs : s'adresser pour avoir des explica-
tions à M. P........ et pour voir le costume
à M. le comte de P........, qui ne le porte
pas, attendu que c'est un habit à caractère.

ARMÉE. — Réunion d'automates cha-
marrés d'uniformes qui ne doivent ni parler, ni penser, ni raisonner, mais qui
doivent en revanche marcher sans savoir
pourquoi, aller sans savoir où et frapper
sans savoir sur qui. La meilleure *armée
nationale*, selon les ultra, serait celle que
l'on composerait entièrement de régimens
suisses.

ARROGANCE. — Bravoure du lâche,
audace de celui qui n'a rien à craindre,
vertu habituelle d'un ultra.

ARTS (beaux). — Il est permis de les
cultiver sous la condition expresse de bien
pénétrer les élèves du but de leurs études.

La sculpture doit être employée exclusivement à reproduire les traits des saints, des papes ou des rois bien pensans ; l'architecture à la construction des églises et séminaires ; la peinture à la représentation des martyrs ou des mystères, et la musique à la composition des messes ou des *requiescant in pace.*

ASSASSINAT. — Actions qui change de nom suivant les personnages qui la commettent. On dit dans la langue ultra, *les étourderies* de Nîmes, les *mauvaises plaisanteries* d'Avignon, *l'accident* du maréchal Brune, et les *erreurs* de Trestaillon.

ATTACHEMENT. — Voyez *Places , traitement , jeton , etc , etc.*

AUMONES. — Léger secours que l'on accorde aux infortunés. Il est malheureux que l'on ne puisse pas faire des aumônes de sens commun aux pauvres d'esprit. Les ultra auraient certainement le plus de droits à celte espèce de charité.

AUTOMATE. — Voyez *Fonctionnaire-Electeur*.

AVEUGLES. — *Dans le royaume des aveugles, les borgnes sont rois.* MM. P..., M.......... , de B..... et Madame de G....; s'honorent d'être les chefs du parti ultra.

AVOCAT. — Homme qui consacre sa plume et son éloquence à défendre l'innocence ou le malheur. La profession d'*avocat* deviendrait promptement inutile si le gouvernement avait le bon sens de permettre aux ultra de perfectionner l'ingénieux système des cours prévôtales.

AYEUX.

Qui sert bien son pays, n'a pas besoin d'ayeux !

C'est pour cela que les ultra tiennent tant aux leurs.

B.

BALANCE. — La justice doit avoir deux poids et deux mesures.

BARBARIE. — Le bon temps pour les ultra.

BASSESSE. — Etat de service.

BASTILLE. — Objet de toutes les élégies, de toutes les complaintes des ultra ; souvenir tendre et poétique de ces messieurs.

BATON. — Instrument administratif qui vaut mieux que toutes les chartes du monde. Montesquieu l'avait oublié dans son *Esprit des Lois ;* cependant les ultra balancent entre le bâton et les verges.

BÉNÉFICE. — Voyez *Jeton.* Il n'y a pas de petit bénéfice pour un ultra.

BIOGRAPHIE DES HOMMES VIVANS. — Catalogue bon à consulter pour les proscripteurs ou fabricateurs d'*amnisties.*

BLANC. — Qu'un homme ait porté les armes contre son pays, il est blanc ; qu'il ait versé le sang de ses compatriotes, il est encore blanc ; qu'il ait pillé des diligences, il reste blanc, il est toujours blanc.

BLASON. — Science merveilleuse qui supplée toutes les autres, même l'orthographe.

BONNES-LETTRES (*Société des*). — Institution excellente sous le rapport des principes, et à laquelle il ne manque qu'un peu de littérature, bonne ou mauvaise.

BORGNE. — Homme qui n'a qu'un demi-bonheur , qui a encore un œil de trop : heureux celui qui n'y voit pas du tout !

BOUE. — Arme que les ultra appellent la foudre.

BOURGEOIS. — Espèce de bête de somme , qui pourrait être substituée aux chevaux et aux mulets : avec une telle ressource , on ne doit pas craindre les épizooties.

BUCHER. — Voyez *Inquisition*.

C.

CACHET (*Lettres de*). — Les bonnes-lettres des ultra ; procédé expéditif et prompt pour se débarrasser d'un vilain qui murmure ; institution qui épargne bien des frais de justice.

CALOMNIE. — Les ultra ont le privilége d'en user et même d'en abuser : il suffit qu'ils soient *de bonne foi.*

CHARTE. — Aucun des articles de la *charte* ne sera révisé. Le dépôt de la *charte* constitutionnelle et de la liberté publique est confié à la fidélité et au courage de l'armée , des gardes nationales et de tous les citoyens. (*Voir la séance du 15 mars 1815*).

CAPUCHON. — Prétexte honnête pour

faire des choses malhonnêtes. Les ultra prétendent que *l'habit fait le moine.*

CAPUCIN. — Personnage utile à l'état; soldat essentiellement moral et religieux, qui seul peut soutenir un trône.

CARÊME. — Époque des indigestions pour l'ultra.

CATHÉGORIE. — Division nécessaire pour choisir des victimes; moyen trouvé naguère pour séparer l'ivraie du bon grain.

CENSEUR. — Fonctionnaire établi pour empêcher que les auteurs aient de l'esprit, que le public s'amuse au théâtre; ferme soutien des saines doctrines, du despotisme et de l'obscurantisme. Il n'est pas nécessaire qu'un censeur soit lettré; il suffit qu'il ait de bons principes; tout y est compris.

CHAISE A PORTEUR. — Voiture militaire qui met le guerrier à l'abri des intempéries des saisons.

A une époque célèbre, des voltigeurs de Louis XV, animés des sentimens les plus belliqueux, n'attendaient que des hommes pour se porter en avant. Ils ne purent trouver de porteurs.

CHANSON. — Ennemie du trône et de l'autel ; on ne doit pas rire sous un gouvernement monarchique ; l'ultra ne permet au chansonnier que l'éloge du vin et des belles, de Bacchus et de l'Amour. Quelquefois sa verve a produit des couplets assez drôles ; témoin ce refrain qu'il répète toujours :

Ça reviendra, ça reviendra ,
Ça reviendra comme autrefois.

Voilà un échantillon de la poésie des fanatiques ; il date de 1815 : c'était le bon temps ; c'était presque autrefois.

CHARITÉ. — Les ultra ne la connaissent que par ce proverbe : *Charité bien ordonnée commence par soi-même.*

CHOUAN. — Soldat de nuit : les ultra voudraient remplacer par le nom de chouan celui de grenadier. Il est douteux que cette innovation soit adoptée.

CICATRICE. — Difformité physique , quand elle résulte d'une blessure faite par le fer des étrangers. Passe encore quand elle a été reçue par derrière.

CLOTURE. — Ce mot renferme à lui seul toute l'éloquence des trois quarts des députés ultra.

CŒUR. — Les ultra qui du reste ne pardonnent pas à Molière d'avoir fait le Tartuffe , auraient bien voulu cependant soutenir le système de Sganarelle et faire passer le cœur à droite; mais l'on a eu beau discuter et déraisonner, le cœur est resté à gauche; c'est là sa véritable place.

COMÉDIE. — La comedie doit retracer les ridicules du siècle; aussi les ultra l'ont en horreur; ils préfèrent les missions.

COMMERCE. — Objet du mépris et de la haine des ultra; à leurs yeux, un commerçant est un misérable qui n'a ni foi, ni loi. Le sort du commerçant, c'est d'habiller l'ultra, de payer exactement les impôts, et de ne pas être partisan de la féodalité.

CORDON. — Mauvaise plaisanterie qui n'a rien de *sanitaire*.

CONSPIRATION. — Invention nouvelle, nouvel art de gouverner. Moyen commode pour obtenir des lois d'exception.

COURTISAN. — Citoyens dévoués à leur prince et surtout désintéressés ; un souverain ne saurait s'en passer. Tous les rois, depuis Pharamond jusqu'à Louis XVI, ont eu des courtisans ; c'est ce qui prouve leur utilité.

CROISADE. — Expédition armée contre la raison et la philosophie.

CUISINE. — Patriotisme des fanatiques ; la seule chose qu'ils aiment en France, c'est la cuisine française.

D.

DÉCONFITURE. — Voyez *Armée de la foi.*

DÉLATEUR. — Honnête homme qui a besoin de la place d'un autre pour élever sa petite famille.

DÉMORALISER. — L'ordonnance du 5 septembre avait entièrement démoralisé les ultra.

DÉPOUILLEMENT. — Dépouiller un homme, c'est le voler. On *dépouille* les votes aux élections.

DÉPUTÉ. — Homme qui prête serment de fidélité à la charte et demande qu'elle soit revisée ; qui est envoyé à la chambre par le suffrage de ses concitoyens, et fait changer la loi en vertu de laquelle il a le droit de siéger.

DÉROUTE. — Elle a lieu pendant ou après une bataille : Les ultra ne savent pas ce que c'est.

DÉSERTION. — Elle est autorisée quand elle a lieu par un *bon motif*. Les généraux M...., J...., B...., etc., ont acquis par leur *désertion* une célébrité presque aussi grande que celle des *Cartouche* et des *Mandrin*.

DESPOTISME. — Le beau idéal en fait de gouvernement. Exemple : La situation florissante de la Turquie et la position agréable de sa Hautesse.

DESTITUTION. — Voyez *Épuration*.

DÉVOUEMENT. — Vertu particulière

aux ultra. Au retour du Roi, un de ces Messieurs lui demanda une place de colonel, et citait comme preuve de son *dévouement*, le courage qu'il avait eu de conserver pendant toute la révolution, dans un tiroir de son bureau, le portrait d'un de ses oncles qui ressemblait extrêmemeut à Louis XV. Cet honnête homme n'obtint point ce qu'il demandait. A quoi donc sert le *dévouement!*

DIFFAMATION. — Il y a des gens qui en font métier. Lisez, si vous pouvez, *la Foudre*, *le Drapeau Blanc*, *la Quotidienne*, etc.

DILIGENCE. — On assure que les ultra ne sont si acharnés contre M. Gévaudan, que parcequ'ils lui reprochent de leur avoir enlevé l'exploitation des diligences qui était pour eux un genre d'industrie très-lucrative.

DIME. — Petit impôt établi en faveur de ceux qui avaient fait vœu de pauvreté.

C'était évidemment un grand encouragement pour l'agriculture, car le laboureur étant obligé de donner un dixième de sa récolte, devait nécessairement faire tous ses efforts pour le regagner par la perfection de sa culture. Ce qu'il y a de singulier, c'est que les paysans ne veulent pas comprendre un calcul aussi simple et qu'on n'a pu jusqu'à présent les décider à faire une demande pour le rétablissement d'un impôt aussi avantageux pour eux.

DINDON.— Bienfait des jésuites, dont ces succulens animaux portent encore le nom dans certaines provinces de la France. On sait que les dindons reconnaissans ont fait une pétition pour le rappel de ces bons pères. Si les pétitionnaires sont truffés, nul doute que la demande ne soit prise en considération.

DISTRACTION. — Les ultra poussent ce défaut à tel point que la plupart d'entr'eux croient avoir réellement servi leur prince et leur pays pendant les vingt-deux ans qu'ils ont passés dans l'étranger ou cachés dans leurs bicoques.

DOUTE. — Il y a des gens qui osent *douter* du désintéressement des ultra, et qui ont l'audace de croire que ce n'est pas parmi eux que le Roi trouverait ses plus fidèles défenseurs.

DRAGONNADES. — Invention du père La Chaise pour ramener les consciences à coups de sabres, et convertir les hérétiques à coups de baïonnettes. On ne trouve pas dans l'Evangile que Jésus-Christ ait recommandé d'employer ce genre de prosélytisme.

DROITS. — Le genre humain avait perdu ses *droits ;* Montesquieu, Voltaire, Rousseau et tant d'autres philosophes maudits les ont retrouvés. Quand les ultra pourront-ils donc rencontrer un bon homme de lettres qui leur fasse retrouver les *droits féodaux* qui, à ce qu'ils croient, ne sont qu'égarés ?

DUPE. — Honnête homme trompé par des fripons. Ce mot est dans ce moment-ci le synonime de *libéral*. Le sera-t-il encore long-temps ?

E.

ÉCHAFAUD. — L'échafaud est souvent le premier degré pour monter au temple de l'immortalité.

ÉCHEC. — Jeu très-savant où le Roi ne peut jamais être pris , mais où il peut être fait *mat* par *un fou.* Les plus forts joueurs d'*échecs* sont ceux du café de la *Régence* : ils donnent volontiers une leçon pour un petit verre de *consolation.*

ÉCHO. — Depuis que l'Amérique a fait retentir le cri de liberté , les quatre parties du monde lui ont servi d'*écho.*

ÉCOLES. — Le gouvernement ne devrait tolérer que celles qui ont le bonheur d'être dirigées par les pères de la foi , auxquels le genre humain doit déjà tant de bienfaits. Voyez *Dindon*.

ÉCOLIERS. — Jeunes barbares qui osent raisonner, et dont le cœur palpite aux noms sacrés de patrie et de liberté. Les ultra font une grande *école* en insultant *quotidiennement* les *écoliers*.

ÉCONOMIE. — Voyez *Epuration*.

ÉCREVISSE. — Animal qui doit être aussi sacré pour un ultra que le bœuf Apis l'était pour les Egyptiens.

ÉGALITÉ. — La véritable égalité ne reconnaît point d'autres distinctions que celles qui résultent du mérite personnel ou des services rendus à son pays. Il n'est pas étonnant que les ultra aient l'*égalité* en horreur.

ÉGLISE. — Temple consacré à l'éternel.

Les ultra voudraient en faire une foire pour les missionnaires, une tribune pour l'intolérance et un corps-de-garde pour la gendarmerie.

ÉLECTEUR. — Personnage qui concourt à la nomination des députés de son département. Tout *électeur* peut voter selon sa conscience, pourvu qu'il n'exerce pas de fonction, qu'il soit entièrement indépendant et qu'il n'ait ni frère, ni enfant, ni oncle, ni cousin, ni gendre, ni amis sur lesquels les ultra puissent se venger de l'indépendance de son vote.

ÉLOGE. — On propose un prix de 2,400 livres tournois, à celui qui parviendra à faire un éloge de Louis XI.

ÉMANCIPATION. — Voyez *Espagne*.

ÉMIGRATION. — Fuite courageuse et

honorable ; manière de payer ses dettes et de retrouver ses bien purgés de toute hypo-thèque.

EMPLOYÉ. — C'est un homme payé non pas pour bien travailler, mais pour bien pen-ser : l'employé n'a une belle écriture qu'autant qu'il n'est pas libéral.

EMPRUNT. — Chose très-facile en don-nant hypothèque sur le prochain rétablisse-ment de la dîme et des droits féodaux , et sur la restitution des biens nationaux.

ENNOBLISSEMENT. — Voyez *Savon-nette à vilain.*

ENNUI. — Voyez *Bonnes-Lettres.*

ENTHOUSIASME. — Sentiment d'ad-miration dont il est impossible de se défendre en écoutant les discours de M. Piet, en lisant les œuvres de M. de Bonald, ou en relisant les vers de M. de Marcellus.

ÉPAULETTES. — Elles ne prouvent pas plus que l'on est militaire, que la tonsure ne prouve que l'on va à la messe.

ÉPURATION. — Manière commode de se débarrasser des gens qui déplaisent sous le prétexte de l'économie. On supprime trente employés qui coûtaient 80,000 fr., on leur donne des retraites montant à 40,000 fr. ; on les remplace par vingt-cinq *honnêtes gens* auxquels on paie 70,000 fr. de traitement, et l'on se trouve avoir fait une économie de 30,000 fr. de dépense en plus.

ESCLAVE. — Un libéral est esclave de l'honneur ; un ultra l'est de la faveur.

ESPAGNE. — Pays frappé de la colère

céleste depuis que ses habitans ont eu l'audace de ne plus vouloir être brûlés, ni voir siéger leurs députés aux galères.

ESPION. — Personnage *éminemment monarchique* selon les ultra.

ESPRIT DE PARTI. — Seul esprit des ultra.

ESTIME. — Un ultra a le bon esprit de *s'estimer* pour lui et pour les autres.

ÉTEIGNOIR. — Décoration des bons hommes. Il serait bien à désirer que l'on pût en confectionner un assez grand nombre pour éteindre d'un seul coup toutes les lumières du siècle.

EXCELLENCE. — *Titre monarchique* que l'on emploie souvent pour désigner ce qu'il y a de moins *excellent* au monde.

EXIL. — Voyez *Amnistie, clémence,* etc.

F.

FAGOTS. — Les ultra espagnols en brûlent ; les ultra français en font.

FAUTE. — Voyez *Guerre*.

FÉODALITÉ. — Voyez *Droits Féodaux*.

FIDÉLITÉ. — Elle consiste quelquefois à abandonner son Roi dans le danger et à se sauver à deux cents lieues pour être plus à même de le défendre.

FIÈVRE. — Les ultra sont sujets à plusieurs espèces de *fièvres*, mais principalement à la *fièvre* d'ambition, à la *fièvre* cérébrale et à la *fièvre* de peur. Cette dernière surtout a fait quelquefois des ravages affreux.

FOI. — *Fidélité.* C'est pour cela que l'armée de la *foi* combat contre son pays, son prince et la constitution qu'il a jurée. *Foi* signifie aussi *confiance.* C'est dans ce sens que l'on dit que l'armée de la *foi* n'en inspire aucune.

FORCE. — Avec de la *force* et de la bonne volonté on vient à bout de tout. Quel dommage que les ultra n'aient pas la *force* du gouvernement, ou que le gouvernement n'ait pas la volonté des ultra!

FRANCE.—Les ultra ne voient la *France* que dans le pays où ils sont. Ils la voyaient en Angleterre, en Russie, en Allemagne. Ils espèrent la voir bientôt en Espagne.

FRANÇAIS. — Les bons, les véritables Français sont ceux qui ont combattu contre la France et qui y sont revenus dans les caissons prussiens, ou en croupe derrière un cosaque.

G.

GALIMATIAS. — Mot propre à désigner certain discours et même quelques requisitoires.

GANACHES. — Nouvelles mâchoires d'ânes avec lesquelles nos Samson modernes croyent pouvoir vain cre leurs ennemis.

GASPILLAGE. — Nouveau genre d'économie.

GASTRONOMIE. — C'est maintenant l'art de fermer la bouche en l'emplissant.

GENDARMES. — Fonctionnaires publics, armés de mousquets : leur institution remonte aux beaux jours de la monarchie. Ils jouissent d'une estime toute particulière chez les ultra qui peu satisfaits de les ren-

contrer dans nos spectacles ou au milieu de
de nos fêtes, veulent encore qu'on en fasse
des délégués de la police ou des bedeaux au
service des missionnaires.

GÉNÉALOGIE. — Science très-profonde
et très-importante au moyen de laquelle
un sujet prouve qu'il est plus noble que son
Roi.

GÉNÉREUX. — Les ultra rejettent ce
mot de la langue française, dans la crainte
qu'on le confonde souvent avec le mot
libéral.

GENTILHOMME. — Individu que Dieu
a formé d'une boue particulière. *Un gentilhomme* ne doit savoir que deux choses, sa
généalogie et les lois de l'étiquette.

GIBOULÉE. — Les ultra n'aiment point
celles de mars.

GLOIRE. — Mot auquel les ultra ont donné une acception nouvelle, depuis qu'on est convenu d'appeler ami, l'étranger qui nous pille.

GOBE-MOUCHE. — Celui qui prend des cris pour des raisonnemens, certains abbés pour des ministres de paix, de riches manufacturiers pour des révolutionnaires, un académicien pour un homme d'esprit, et les *pointes* de certain journal pour des préceptes de *tactique*.

GOSIER. — Organe dont les ministériels savent le mieux se servir.

GOUVERNEMENT REPRÉSENTATIF. — Gouvernement aimé des ultra quand ils peuvent y occuper des emplois et imposer silence à la raison.

GRAND. — Titre donné à Constantin de sanglante mémoire; à Henri IV, qui publia l'édit de Nantes ; à Louis XIV qui le révoqua, mais qui ne fut point donné au bon Louis XII, peut-être parce que la noblesse l'appelait le *Roi de la canaille.*

GRÈVE.— Voyez *Abattoir.*

GUINÉE. — Monnaie anglaise à l'usage des ultra.

GUERRE. — Nouvelle croisade prêchée par les honnêtes gens dans l'intérêt des peuples et de la religion.

H.

HABIT. — Mesure de respect et de considération. Les ultra aiment et portent des habits brillans; mais ils n'y aperçoivent pas les taches.

HAUTESSE. — Les ultra voudraient substituer ce mot à celui de *majesté*, par amour pour les Turcs et pour la Turquie.

HÉLAS ! — Douloureux remercîment d'un ultra qui reçoit des jetons. Voyez *Jetons !*

HÉRÉDITÉ. — Talent et capacité.

HERMOPOLIS. — Ville qui ne se trouve que sur la carte de géographie des ultra; capitale d'un gouvernement *occulte*.

HÉROIQUE. — Synonime de fabuleux pour les ultra.

HISTOIRE. — On avait pensé jusqu'ici que l'histoire devait être écrite avec impartialité. M. Roger a donné en public un soufflet à tous les historiens qui n'avaient pas lu son discours, en réponse à celui de M. Villemain à l'Académie française. Il a soutenu que l'historien devait être partial, c'est-à-dire mentir. Les ultra craignent surtout la vérité. C'est juste : *qui se sent morveux, se mouche.*

HONNEUR. — Préjugé qui date de 89 ; peste contre lequel les ultra ont établi un cordon sanitaire.

HORS-D'OEUVRE. — Voyez *Charte.*

HOSPITALITÉ. — Droit d'incarcération.

HUITRE. — Déesse de la logique et de

la raison pour les journaux fanatiques. Ils doivent au moins par reconnaissance lui élever un petit temple; ils raisonnent si bien depuis six ans !

HUMANITÉ. — Vertu impolitique et inconstitutionnelle.

HUMILITÉ. — Vertu chrétienne, excès de désintéressement qui empêche de refuser une douzaine de places, avec des *jetons*, représentant environ cent cinquante mille livres tournois. Le tout pour qu'ils ne tombent pas en *de méchantes mains*.

HYDROPHOBIE. — Horreur invincible des chiens enragés pour l'eau; antipathie des ultra pour la charte.

HYPOCRISIE. — Voyez *Masque*.

HYPOTHÈQUES.—Brouillards du Tage ou de la Seine.

HURLEMENT. — **Plainte douce et tendre d'un loup à la gueule duquel on a arraché un mouton.**

I.

IMPARTIALITÉ. — Voyez *Histoire.*

IMPOT. — Préjudice notable aux droits seigneuriaux; taxe qui ne doit frapper que sur la bourgeoisie.

IMPRIMERIE. — Invention infernale, qui avec la vaccine, partage la haine des ultra. Cependant ils préfèrent, pour le bonheur de l'homme, l'obscurantisme à la petite vérole.

INCORRIGIBILITÉ. — Fidélité des ultra.

INDIGESTION. — Campagne des ultra.

INFORTUNE. — Crime.

INDULGENCE. — Substantif féminin;

les ultra ne l'apprécient qu'au pluriel ; ils sont ultra-montains.

INQUISITION. — Moyen économique de se chauffer. Il faudrait des bûchers sur toutes les places publiques ; le feu de l'inquisition est le seul et vrai feu de joie. A la rigueur les ultra fourniraient les bûches.

INTÉRÊT. — Désintéressement des ultra.

ITALIE. — Les ultra n'en connaissent et n'en estiment que les Borgia et le fromage.

J.

JACOBIN. — Nom propre d'une sorte de religieux, qui ont à peu-près les règles et les principes des Jésuites.

JANISSAIRE. — Soldat fidèle : appui de la monarchie; les ultra consentiraient à servir comme simples soldats dans un corps de Janissaires.

JÉSUITE. — Saint personnage, seul capable d'instruire la jeunesse française, parce qu'il sait fouetter d'une manière toute particulière. Espèce singulière de moine qui s'accouple merveilleusement avec les ultra. Elle s'introduit partout avec une dextérité étonnante, adore le pouvoir et les plaisirs. On peut dire des Jésuites *qu'ils sont partout et nulle part*. Chassés de tous les pays, il était réservé aux ultra d'implanter de nouveau en France cette peste des peuples et des Rois.

JETONS. — Nouvelle expression introduite récemment dans la langue des ultra ; naguère un jeton était une petite médaille honorifique ; maintenant elle représente des honoraires, ou plutôt ils ont donné ce nom aux écus qu'ils reçoivent pour leurs fonctions, places, sinécures, bénéfices. Ils ont si bien avili le mot *jeton*, que les honnêtes gens n'osent plus s'en servir.

JEUNESSE. — Dans le bon temps on la gouvernait avec le fouet ; aujourd'hui elle ne veut plus entendre parler de ces sortes de corrections ; aujourd'hui elle lit Voltaire et Rousseau, malgré les mandemens et les bulles : donc la jeunesse est séditieuse. C'est la plus implacable ennemie de l'obscurantisme et des ultra ; aussi ces messieurs vont proposer contre elle l'ostracisme ; c'est le seul moyen de s'en délivrer.

JOURNAL. — Véhicule de la raison, de l'humanité, de la philosophie et de l'hon-

neur, chez les libéraux ; trompette de l'a-
narchie féodale , du fanatisme chez les
ultra.

Exemple de la différence entre un journal constitutionnel et une feuille fanatique :
le premier vante la clémence de Henri IV ,
l'autre, celle de Charles IX.

JOURNALISTE. — Homme qui pense
et écrit pour l'autorité qui lui donne des
jetons.

JOURNÉE. — Mot très-peu usité dans
la langue des fanatiques. Les braves combattent en plein jour ; ils ne cherchent pas
à surprendre leurs ennemis à la faveur des
ténèbres ; on dit la journée d'Austerlitz,
la journée de Marengo, de Friedland. Les
ultra disent la nuit de ***, pour retracer un
exploit nocturne de chouans ; il n'y a pas
de journées dans les fastes militaires des fanatiques, il n'y a que des nuits.

JURY. — Institution qui est un véritable crime de lèze-tyrannie. Y a-t-il rien de plus ridicule que de voir un accusé jugé par ses pairs ? Le jury entrave la marche de la justice, et rallentit l'activité des bourreaux. Un accusé ne doit-il pas être toujours condamné ? En bonne justice, en bonne morale, il ne devrait y avoir que des cours prévôtales.

JUSTICE. — Les formes usitées dans les tribunaux sont ennuyeuses. Un ultra n'attend pas qu'on lui rende justice et que Thémis décide : il faut être juge et exécuteur tout ensemble.

Le maréchal Brune portait un nom illustre dans les fastes de la gloire militaire ; il avait chassé les Anglais de la Hollande, il était coupable. Le maréchal Brune est assassiné dans une auberge à Avignon ; son corps est traîné dans les rues : on le mutile à coups de piques et de poignards, et il est jeté dans le Rhône.

L.

LABOUREUR.—Vilain qui doit se trouver trop heureux de cultiver la terre pour nourrir Messieurs les ultra; homme obligé de ne savoir pas lire, et qui doit payer la dîme sans murmurer; ilote politique qui doit rendre grâces au ciel qu'on lui laisse un morceau de pain.

LABYRINTHE. — Heureux séjour du bon Minotaure.

LACET.—Moyen expéditif, emprunté du code turc, pour en finir avec les constitutionnels.

LACHETÉ. — Les libéraux soutiennent qu'il n'y a de vrai courage que sous les drapeaux de la patrie; les ultra assurent que celui qui combat dans les rangs de l'étranger n'est pas un lâche. C'est au moins un mauvais Français ; des rigoristes disent que c'est un traître.

LAMENTATION. — Un ultra dit : *J'ai combattu pour le trône et l'autel ; la fidélité est sans récompense , le mérite est méconnu. Les libéraux ont toutes les places ; les royalistes sont malheureux...*

Traduction.

Je suis demeuré caché pendant vingt-cinq ans dans mon château de Gâtinais , en faisant des vœux pour la monarchie légitime ; j'ai trois places , et tous mes enfans , neveux ou bâtards sont revêtus de fonctions lucratives. Il reste encore quelques places aux libéraux , donnez-les moi.

LANGUE. — Les ultra en veulent beaucoup aux abbés de l'Epée et Sicard, parce qu'ils sont parvenus à rendre presque l'usage de la parole aux sourds-muets de naissance. Si les ultra n'aiment pas qu'on voye clair, et qu'on entende distinctement, ils n'en ont pas moins d'horreur pour les gens qui parlent. Ils voudraient pouvoir débiter leurs sottises et leurs calomnies, sans qu'on pût leur répondre.

LAURIER. — Arbre *révolutionnaire*.

LÉGITIMITÉ — Rempart derrière lequel les ultra vont se cacher quand ils ont fait quelque grosse sottise.

La *légitimité* est un mot dont les ultra ont si souvent abusé, qu'ils ne peuvent plus le prononcer sans rire.

LETTRES. — (*La poste aux*). Etablissement qui n'offre d'utilité qu'autant qu'on peut ouvrir les lettres ; en despotisme, il n'y a pas de précaution inutile.

LIBERTÉ. — Il y a plusieurs sortes de libertés ; pour la liberté individuelle, voyez

Espion , Agent provocateur , Mouchard ; pour la liberté de la presse, voyez *Tendance;* pour la liberté des cultes, voyez *Dragonnades.*

LIBRAIRIE. — Commerce dangereux , lorsqu'il ne se renferme pas dans la publication des livres d'église , des rituels, des missels et autres livres instructifs, philosophiques et amusans.

LIVRE. — Un bon livre manquait au siècle; il était attendu avec impatience et il vient enfin de paraître; c'est l'*Éloge de la Saint-Barthelemy.* On recommande la lecture de ce livre aux protestans. Il a été publié fort heureusement quelque temps avant le 1er janvier, et a pu être donné en étrennes. On ne saurait trop le recommander au public ami de la tolérance.

LOGIQUE. — Voyez *Huître.*

M.

MAGISTRAT. — Personnage revêtu de fonctions importantes, de toutes sortes de priviléges, la calomnie inclusivement.

MAIN. — La meilleure tactique est celle qui consiste en coups de main. Un ultra ne sort jamais d'une place les mains vides ; mais il ne pousse pas le scrupule jusqu'à avoir les mains nettes. Il y a dans la morale du jésuite Escobar un passage qui explique et justifie cela. Les tours d'Escobar sont usités chez les ultra.

MAJORITÉ.—Les ultra forment à peine un trentième de la population de la France ; donc ils sont en majorité. Nouvelle manière de compter qui n'avait pas encore été trouvée par Barême : Règle : 1 et 1 font 29.

MANDAT. — C'est une erreur de croire

qu'un représentant du peuple français est appelé à la chambre des députés pour discuter les lois, pour modifier et améliorer les intitutions de son pays ; un député ne vient au Corps Législatif que pour voter le budget des ministres, leur accorder tout l'argent qu'ils demandent, applaudir aux lois d'exception, et retourner ensuite chez lui pour digérer les repas ministériels.

MANUFACTURE. — Superfluité de la France ; il vaut mieux payer tribut à l'industrie de nos amis les Russes et des nations étrangères ; c'est un moyen commode de payer les dettes de la reconnaissance et.... de l'émigration.

MAROC. — Type des bons gouvernemens ; colonie des ultra.

MASQUE. — Petit meuble de première nécessité chez les ultra ; l'année est pour eux un carnaval perpétuel. Ils ont toujours le masque sur la figure.

MÉCONTENT. — Homme faible et stupide qui veut qu'on gouverne par les lois et qu'on respecte la charte; Français qui n'a pas été élevé en Turquie et qui ne reconnaît pas l'influence salutaire du cordon et des cours prévôtales.

MERCENAIRE. — Expression qui avait vieilli et que les ultra ont tenté de rajeunir. Cependant, comme ils prévoyent que leurs efforts seront impuissans, ils substitueront sans doute à cette expression celle de *Jeton-nier*. Voyez *Jeton*.

MESSE. — Cérémonie dont les ultra vantent l'utilité avec un zèle très-édifiant, mais à laquelle ils n'assistent guère. Elle est faite pour le peuple.

MEUBLE. — Il y a depuis quelques années des hommes-meubles; on les trouve toujours dans les anti-chambres des ministres qu'ils fatiguent de sollicitations pour leurs bons et loyaux services en Prusse, en Ukraine, en Autriche ou en Angleterre.

MOLIÈRE. — Poëte *Jacobin*, *radical*, *révolutionnaire*; il a fait le Tartuffe. L'ultra ne veut pas décidément qu'on le joue.

MOUCHARD. — Un des personnages les plus honorés et les plus honorables aux yeux des ultra. On lui doit honneur et respect; ses fonctions étaient autrefois déclarées viles; les ultra prétendent avoir ennobli le métier.

Comment en un or pur ce plomb s'est-il changé ?

MUGISSEMENT. — Désappointement d'un ultra quand un arrêt n'a pas été exécuté, quand une victime innocente est échappé à l'échafaud. Quand l'épouse de M. de Lavallette, en 1816, préserva son mari de la mort par le plus sublime dévouement,

tous les ultra mugirent, et leurs mugisse-
mens furent entendus jusqu'en Russie.

MUNITIONS. — Chapelets, scapulaires,
fouets, eau bénite, reliques, bûchers, allu-
mettes, etc., etc.

MUSÉE. — Etablissement inutile et qui
nuit aux progrès des beaux arts. Les ultra
ont aidé les Anglais et les Prussiens à embal-
ler tous les chefs-d'œuvre qui ornaient le
Musée; dans l'ardeur de leur reconnaissance,
ils leur auraient donné par dessus le marché
les productions de nos grands maîtres. Mais
heureusement on y a mis bon ordre, et les
généreuses intententions des emballeurs
n'ont pu être exécutées.

MUSIQUE. — Les ultra n'aiment que le
cor anglais et la trompette prussienne. Le
son de ces instrumens produisent en eux
un enthousiasme extraordinaire ; il éveille
leur ardeur belliqueuse ; aussi assistaient-ils

fort exactement aux *superbes* parades de *nos amis les ennemis* au Carrousel et à la place Louis XV. Selon les ultra, nous n'avons ni musique ni musiciens.

MUTUEL. — (*Enseignement.*) Mode révolutionnaire d'enseignement. Il ne tend rien moins qu'à faire apprendre à lire, en très-peu de temps et sans fouet, à tous les enfans. Aussi les ultra ont-ils pris les frères ignorantins sous leur protection spéciale.

MYSTÈRES. — La décadence du théâtre date, selon les ultra, du jour où Corneille fit représenter *le Cid*. Ils ne voudraient voir sur la scène, pour l'édification de leur prochain, que les Saints Mystères, la Passion, l'Incarnation, etc., etc. Tout autre sujet est immoral, impie et irréligieux. A peine s'ils pardonnent à Racine d'avoir fait *Esther* et *Athalie*.

MYSTIQUE. — Les ultra, rafineurs de

spiritualité, ont inventé une espèce de société mystique sous le nom de *Congrégation
du Sacré Cœur.* On ne sait pas quels en sont
les statuts et les réglemens, et si elle est autorisée par la police : on assure cependant
que le droit d'admission est une haine vigou-
reuse de la charte et de la tolérance religieuse.

N

NATION. — On dit le *peuple* allemand et la *nation* anglaise.

NÉGOCIANT. — Un gentilhomme ne peut pas être *négociant*. S'il a eu le malheur de se livrer au commerce et de se créer une fortune brillante en enrichissant sa patrie , il doit faire un acte de contrition, et supplier M. le Garde des Sceaux de vouloir bien lui accorder une ordonnance de *réhabilitation*. S'il n'y a pas de quoi dégoûter les nobles d'être *négocians*, il y a bien de quoi dégoûter les *négocians* d'être nobles.

NÈGRES. — Espèce d'hommes sur lesquels s'exercent l'avidité et la barbarie des Européens , et que l'on assimile aux animaux, probablement parce qu'ils ne sont pas *blancs.*

NEIGE. — Sa blancheur lui a mérité le titre de *pluie des honnêtes gens*.

NEZ. — Le nez du père Aubry aspirait à la tombe ; le nez des ultra aspire sans cesse aux tables ministérielles.

NOBLESSE. — La noblesse des sentimens, celle du caractère, celle des procédés, ne constituent pas du tout la *noblesse*, telle que la conçoivent les ultra. Il suffit pour être *noble* de pouvoir produire de vieux parchemins, qui prouvent que l'on descend de quelque *gentillâtre* ou de quelque seigneur de village qui vivait il y a 4 ou 500 ans. Plus la noblesse date de loin, plus elle est respectable, et sous ce rapport la France a le bonheur de posséder une famille, auprès de laquelle tous les souverains de l'Europe ne sont que des *vilains*. On sait que cette illustre maison peut prouver par ses titres généalogiques que lors du déluge, un ange portant un paquet de papier sous le bras, poursui-

vait le père Noë , en lui criant de toutes
ses forces : « Au nom de Dieu sauvez les pa-
piers de la famille de L... ». Il y avait déjà
des *de* du temps de Noé.

NOMBRE. — Nous avons vu des circons-
tances où il était impossible de connaître le
nombre des ultra. On n'en trouvait plus un seul.

NON. — Syllabe qu'un Ministre doit bien
se garder de prononcer en répondant à un
ultra. Un Ministre qui dit toujours *oui*, est
un vrai *royaliste*; celui qui dit *peut-être*, est
un *libéral*; celui qui dit *non*, est un *jacobin*.

NOUVEAU. — Les ultra ont tant d'antipathie pour tout ce qui est *nouveau*, que
d'après leurs réglemens , ils ne doivent pas
même se permettre d'entrer dans un magasin de nouveautés de la rue Vivienne.

NUIT. — Le plus agréable moment de
la journée pour les hiboux , les bons hommes,
les voleurs , les chauve-souris et les ultra.

O.

OBÉISSANCE. — Les ultra n'*obéissent* qu'à un seul maître. Ce maître est leur intérêt.

OBSCURITÉ. — Nouvelle méthode pour paraître savant et profond. Voyez les œuvres de M. de Bonald.

OCCUPATION. — (*Armée d'*) Armée nationale.

OCTROYER. — Demander une chose à quelqu'un qui n'a pas le droit ou le pouvoir de la demander. Le roi d'Espagne a accepté une constitution : le roi de Naples en a *octroyé* une.

OFFICE. — Un ultra bien dressé ne doit pas manquer d'aller à l'*office* le matin, de faire un tour à l'*office* en allant dîner chez une Excellence, et le soir de remplir l'*office* de courtisan, quand il ne remplit pas celui de délateur.

OIE. — C'est encore un animal proscrit par les ultra : Il est réputé *républicain* depuis que ses aïeux ont sauvé le capitole.

ŒIL — Celui qui n'en a qu'un possède déjà un titre pour être admis dans la confrérie des bons-hommes.

ON. — Particule. On connaît la distinction faite par figure entre la *copulative on* et la *conjonctive et;* les ultra ne connaissent que la *conjonctive*; s'ils ont une récompense à solliciter ils ne demanderont pas un emploi, *ou* un cordon, mais bien un emploi *et* un cordon. Cet amour de la copulative est poussé si loin, que dernièrement un honnête homme avait fait une pétition pour être nommé concierge de l'Academie *et* inspecteur du marché à la volaille.

OPINION. — Lorsque la rente était à 94 fr., les ultra prétendaient qu'on devait la regarder comme le thermomètre de l'*opinion* publique. On peut juger combien l'*opinion* publique est en faveur de la guerre d'Espagne d'après la côte de nos fonds, qui n'ont baissé que de 16 francs depuis qu'il est question d'anéantir cette nation de *descamisados*.

OPIUM. — Suc de pavots *blancs*, qui a la propriété de faire dormir, et qui pris à une trop forte dose plonge dans une ivresse furieuse. La Gazette, la Quotidienne, les sermons de M. F.........., les discours de M. B......, peuvent remplacer très - efficacement l'*opium*. Ceux qui ne les lisent ou ne les écoutent que par devoir et qui n'en prennent qu'une dose raisonnable, en sont quittes pour faire un bon somme; mais ceux qui s'en repaissent avec délices deviennent immanquablement fous ou furieux.

OR. — Métal précieux qui ouvre toutes

les portes et opère toutes les métamor-
phoses. Quelques poignées d'*or* rendraient
demain le Drapeau blanc libéral, la Gazette
raisonnable, la Quotidienne constitutionnelle, et feraient crier *vive* la charte aux
ultra.

ORTOGRAPHE. — Il est inutile de dire
que les gens comme il faut repoussent celle
de Voltaire. Libre à eux d'être des *Fran-
çois,* pourvu que nous soyons toujours des
Français.

OUBLI. — On sait que si les ultra n'ont
rien *appris*, en revanche, ils n'ont rien *oublié.* Cela ne veut pas dire qu'ils sachent
quelque chose.

OUTRE. — Au delà. Cet adverbe vient
du mot latin *ultrà :* Hercule étant arrivé
aux bornes du monde, grava sur un rocher
nec plus ultrà. L'hercule M............ a choisi
la même épigraphe pour son journal et
l'hercule de S...... pour sa maison.

P.

ARC HEMIN. — Exemption de mérite, supplément de vertu; monnaie qui n'a plus cours maintenant et qui est tombée dans un discrédit total, parce qu'elle est a l'effigie de l'inégalité civile. Les épiciers eux-mêmes ne veulent pas des parchemins de noblesse pour envelopper leurs marchandises. Ils assurent qu'ils causent des avaries. Les épiciers sont donc des *factieux !*

PARFUM. — L'ail.

De la France et des lys partageant la victoire,
L'ail a partagé nos hasards ;
On l'a vu s'enlacer aux festons de la gloire ,
Pour couronner le douze mars.

L'ail est l'ami des preux et l'effroi des rebelles ;
L'ail croît à l'ombre des lauriers ;
La rose et le jasmin sont le parfum des belles ,
L'ail est le *parfum des guerriers.*

C'est l'ail qui pénétra d'un courage sublime
Le jeune cœur du grand Henri ;
Il partage sa gloire, et ce roi magnanime
Dut à l'ail la palme d'Ivry.

On vit l'ail présider à l'heureuse naissance
De son auguste petit-fils ;
L'ail aime les Bourbons, l'ail est cher à la France,
L'ail est le compagnon des lys.

(*M. le comte de Marcellus*).

PARTERRE. — Majorité séditieuse des spectateurs dans les théâtres ; elle applaudit toujours aux vers qui rappellent notre gloire nationale ; les ultra n'ont pas encore pensé à faire lier les mains derrière le dos aux spectateurs du parterre ; ce réglement manque encore au code de la police théâtrale, mais patience !...

PASSÉ. — *Ce qui n'existe plus.* Les ultra appèlent ainsi le bon temps auquel ils voudraient nous voir revenus, c'est-à-dire le temps où le souverain pouvait dire : l'*état*

c'est moi, où l'on persécutait les hérétiques en chantant les louanges d'un dieu de
paix, le temps où l'on expédiait des lettres
de cachet et où l'on peuplait les Bastilles,
le temps enfin où de galans abbés prési-
daient à la toilette des grandes dames, où
les évêques grossissaient le nombre des courtisans, et où les jésuites dirigeaient la conscience de nos rois. Selon les *ultra* le *passé*
n'est, à dire vrai, que *le futur*.

PATRIE. — L'esclave n'en a point;
l'homme libre seul en a une. Quand aux
ultra, beaucoup plus heureux que l'homme
libre, ils la trouvent partout où ils ne sont
pas obligés de la défendre. A différentes
époques, ils la trouvèrent en Allemagne,
en Angleterre et dans les Pays-Bas.

PATRIOTISME. — C'est par erreur que
ce mot a été compris dans le dictionnaire
des ultra; il n'est point d'usage dans leur
langue.

PAYSANS. — Matière *corvéable* ; les ultra qui savent très-bien qu'ils ne sont pas *blancs*, surtout à cause des travaux qu'ils ont à subir sous les feux de l'été, voudraient les traiter comme des nègres. Mais la charte et son auguste auteur y ont mis bon ordre.

PÉLERIN. — Intrigant maladroit. Quand on voit un ultra protester de son amour du souverain et de la charte, de son attachement à la France et au peuple français, on s'écrie : *je connais le pélerin !*

PESTE. — Les ultra savent quelquefois la mettre à profit, pour exécuter leurs projets.

PEUPLE. — Aux yeux des *ultra*, *peuple* et *canaille* sont synonimes, et tous ce qui ne porte pas devant son nom un *de*, tout ce qui n'est pas décoré du titre de *duc*, de *marquis* ou de *comte*, est de la *canaille*. Et comme de cette classe d'individus qu'on appelle *peuple*, sont sortis des guerriers, des savans et des hommes de génie qui ont étonné l'univers et éclipsé la noblesse , et que dans un état bien constitué les nobles sont les seuls soutiens du trône et les ornemens de la couronne, il est essentiel de réduire le peuple à l'état le plus précaire ; que d'ailleurs il est démontré par l'expérience des siècles passés, que le peuple est fait pour payer seul les impôts, comme le bœuf est fait pour être mangé, et les bêtes de somme pour porter les fardeaux ; qu'il est encore démontré que plus il paie, plus la noblesse est riche, le clergé florissant et les ministres pourvus de bons appointemens, qu'enfin plus il est chargé de contributions plus il est heureux; les ennemis de l'état et du peuple sont donc ceux qui prêchent l'économie et l'abolition des abus.

PHILOSOPHIE. — Les ultra ne pardonnent pas aux grands rois de l'avoir fait asseoir avec eux sur le trône. Les royalistes constitutionnels, au contraire, confondent

dans leurs hommages Fréderic II et Henri
IV , Marc-Aurèle et Louis XVIII.

PIED. — Entr'autres rapports que les
ultra ont avec Mercure , ce qui les distin-
gue surtout, c'est d'avoir , comme ce dieu
des voleurs , des aîles aux pieds.

PIÉTÉ. — C'est chez les hommes honnêtes , le respect pour la religion ; chez les
ultra, c'est le fanatisme et l'intolérance.

PIQUEUR. — Aimable roué qui cherche des sensations nouvelles , de nouvelles
sources de volupté. Le temps des piqueurs
qui ont effrayé Paris de leurs exploits , a rap-
pelé aux ultra le bon temps de la régence.
Quel dommage que cette mode n'ait pu
prendre ?

PLAISANTERIE. — L'art de trouver
un côté comique aux abus du pouvoir et
aux tortures subies par un libéral tombé

dans les griffes de la police. *Pare cette botte là*, dit Fouquier de Tinville à un malheureux maître d'armes, que le tribunal révolutionnaire condamnait à mort. Ce mot porte le véritable sceau de la bonne plaisanterie.

POLICE. — Grand ressort du gouvernement des ultra.

POLITIQUE. — Suivant Lenglet et les libéraux, c'est *rendre une nation heureuse*. Selon les ultra et les partisans des vieux principes, *c'est l'art de tromper les hommes*.

POPULARISER. — Rendre une chose populaire. Les ultra auront de la peine à populariser leurs principes ; mais ils voudraient bien se populariser, car suivant le dictionnaire de Boiste, *on ne se popularise que pour dormir*.

POUVOIR. — Seul objet de l'ambition

des ultra , tant leurs vues sont désintéres-
sées !

PRÉFECTURE. — Les ultra qui regrettent l'ancienne division par provinces, voudraient qu'il n'y eût en France que des
préfectures de police.

PRÉFET. — Fonctionnaire spécialement
chargé de diriger les élections, dans le seul
intérêt des ultra.

PREUVE. — *Ce qui établit la vérité
d'une chose.* Les libéraux ont la bêtise d'ac-
compagner toujours de preuves les raisonnemens les plus forts. Mais les argumens
sans réplique que les ultra opposent à cette
misérable tactique, sont les huées et les éclats
de rire.

PRINCIPES. — Expression susceptible de
recevoir les acceptions les plus opposées. Les
principes religieux chez les ultra sont basés

sur l'hypocrisie, sur les préceptes des jésuites et sur la servilité la plus complète ;
chez les libéraux ils sont fondés sur la tolérance, sur l'humilité religieuse et sur la
morale.

J'ai de bons principes, en style d'ultra,
signifie : *Ote-toi de là, que je m'y mette.*

PRISON.— Lieu plus ou moins mal-sain,
réservé au chansonnier comme au conspira-
teur, à l'homme de lettres comme au ban-
queroutier, à l'homme soupçonné d'être
suspect, comme au voleur de grand chemin ;
c'est là que l'égalité confond tous les rangs.
Les ultra voudraient que les tortures et les
baillons rappelassent le bon vieux temps, et
le nombre des malheureux, celui de 93.

PRIVILÉGE. — Faculté exclusive ac-
cordée à quelques individus bien-pensant, et
pour laquelle les ultra combattent avec autant de chaleur que pour les lois d'exception.

PROBITÉ. — La dernière ressource de ceux qui en manquent est souvent de se faire ultra.

PROCESSION. — Seul moyen d'honorer dignement la Divinité, selon les ultra. Les vrais royalistes, les vrais religieux comptent leurs actes pieux par les aumônes qu'ils ont faites, les ultra par les processions qu'ils ont suivies. Aussi n'est-il pas rare de les entendre dire : j'étais à la procession de telle paroisse, en telle année ! C'est presque toujours la plus illustre époque de leur vie.

PROSCRIPTION. — Voyez *Amnistie.*

PROVOCATEUR. (*Agent*) — Homme commissionné pour une sédition ou une conspiration ; personnage éminemment moral et monarchique aux yeux des ultra. Les fonctions d'agent provocateur sont devenues très-désagréables depuis qu'un de ces honnêtes messieurs a été convaincu en plein tribunal d'avoir seul *conspiré.*

Q.

QUALITÉ.— Quand on veut marier une demoiselle, et qu'elle n'est ni spirituelle, ni instruite, ni belle, ni riche, ni jeune, on dit ordinairement : *c'est une fille de bon caractère.* On peut tirer à peu près la même conséquence, quand on dit d'un individu : *c'est un homme de qualité.*

QUESTION. — Supplice épouvantable aboli par l'infortuné Louis XVI. C'est un des grands reproches que lui adressent les ultra.

QUÊTE.—Solde de guerre et indemnité de campagne des missionnaires.

QUICHOTTE (*Dom*). — Héros des ultra.

QUINQUINA.—Pendant les cent jours, les ultra l'avaient fait augmenter de 50 p. %. Voyez *Fièvre.*

QUIPROQUO. — Faire un *quiproquo*, c'est se tromper, c'est prendre par exemple des *bons hommes* pour des hommes bons, des *honnêtes gens* pour des gens honnêtes, des *braves ultra* pour des ultra braves.

R.

RAMPANT. — Les libéraux ont adopté le *laurier* dont les branches s'élèvent vers le ciel; les ultra ont adopté le lierre parce qu'il *rampe*.

RATELIER. — Le propre des *honnêtes gens* est de manger à tous les rateliers.

REBELLE. — Partisan de la tolérance, de la liberté individuelle, de la liberté de la presse, ennemi des Jésuites, du fanatisme. Les ultra ont déclaré toute la France, en état de rébellion ouverte.

RECOMMANDABLE. — Tout homme convaincu d'avoir porté les armes contre la France, d'avoir été ou Anglais, ou Russe, ou Autrichien.

RECOMMANDATION. — Pillage de diligences; en général, service actif contre la France et les Français.

RÉCOMPENSE. — Le parti fanatique promet une récompense *honnête* à celui qui lui rapportera les titres de la féodalité, des dîmes, de vasselage et de servage, perdus dans les décombres de la Bastille.

RÉFORME. — Excellente mesure de justice et de sûreté, pour accaparer toutes les places et tous les emplois. Les ultra voudraient mettre tout le peuple français à la réforme. La chose est difficile.

REFUS — Les ultra ne refusent jamais rien, pas même ce qui ne leur appartient pas; alors ils sont d'une générosité sans exemple, témoin l'expédition militaire du Musée à laquelle ils ont applaudi. Ces messieurs ne refusent aucune place, qui rapporte un lucre ou des jetons; ils poussent même la résignation évangélique jusqu'à demander les places des autres ; le tout pour la défense de l'autel, du trône , et des bons principes.

RÉJOUISSANCE. — Nouvelle d'une guerre injuste, d'un arrêt de cour prévôtale ou d'une exécution.

RELIGION. — Procession , missions, tapisseries, reposoir: pain bénit, bancs seigneuriaux, œufs, mandemens contre Voltaire et Rousseau, Jésuites, Trapistes, etc.

RELIQUES. — Seul commerce, unique spéculation qu'un ultra ne juge pas indigne de lui.

REMPART. — Voyez *Légitimité.*

REPRÉSENTATION. — Conséquence odieuse d'une odieuse charte. Les ultra n'ont jamais prononcé ce mot sans frémir.

RÉPUGNANCE. — Expression dont les ultra se servent pour désigner leur tendresse négative pour la charte.

RESTAURATION. — Epoque où les ultra voulaient seuls se restaurer; depuis que le bienfait de la restauration, sous un monarque éclairé, protecteur de toutes nos libertés, s'est étendu à toutes les classes des citoyens, ils n'appellent plus ce temps que le retour de Louis XVIII.

RÉVOLUTIONNAIRE. — Ultra, peste européenne.

RIDICULES. — Ce qui constitue la richesse mobilière des ultra, qu'ils ont rafinée dans les pays étrangers, pendant l'exportation; ils voudraient la débiter en France; mais personne n'en veut.

Il serait difficile d'énumérer toutes les espèces de ridicules que les ultra ont en magasin; mais ils en ont qui ne sont pas du tout amusans et pas du tout drôles. Les La Jobardière font sourire, mais.... mais...

. . . .

RIME. — Les ultra n'ont pas des rimes très-riches dans leur poésie; ils font rimer généralement la *hallebarde* des Suisses, avec la *miséricorde* des cours prévôtales.

ROI. — Les ultra ne conçoivent pas qu'un Roi donne une constitution à un peuple; ils regardent comme des tyrans les rois constitutionnels. Pour eux le meilleur régime est l'ancien régime, le pouvoir absolu. Le peuple n'est pas tout-à-fait de leur avis.

ROTURIER. — Homme qui autrefois ne pouvait avoir de mérite que sous le bon plaisir des nobles; cependant les temps sont bien changés, et c'est ce qui désole les ultra; on préfère la noblesse des sentimens à la noblesse de la naissance; les ultra consentent tout au plus à donner à la première le droit de bourgeoisie.

ROUSSEAU. — Les ultra conviennent qu'il *écrivait passablement*; mais si l'on ne veut plus de l'anarchie féodale, si l'on veut une liberté sage, sous un gouvernement constitutionnel :

> *C'est la faute à Rousseau*
> *C'est la faute à Voltaire!*

Les ultra ne le leur pardonneront jamais.

ROYALISTE. — Il y a autant de différence entre un royaliste et un ultra, qu'entre un libéral et un Jacobin.

S.

SAIGNÉE.— Remède efficace à employer dans le cas de l'embonpoint de civilisation. Cette maladie et ce remède n'avaient pas été prévus par Hippocrate.

SANS-CULOTTES. — Ceux qui ne portent que des robes et des soutanes; les Jésuites par exemple, parce qu'ils peuvent cacher toutes sortes d'ustensiles sous ces vêtemens.

SANTÉ. — La bonne santé est aussi bien la mauvaise santé que la civilisation est la barbarie. Avant la publication d'un fameux réquisitoire, on croyait généralement que les gens qui se portaient bien n'étaient pas malades; maintenant la médecine est toute déroutée; ce sont les malades qui se portent bien et ceux qui jouissent d'une

parfaite santé sont ceux qui ont le plus besoin de l'art d'Esculape. Les formules de la
politesse ont subi, depuis le fameux réquisitoire, d'étranges modifications. Exemple :

Comment vous portez-vous ? — Très-mal.
— Tant mieux ! j'en suis fort aise.

SCIENCE. — Un bon député serait celui
qui suivant le précepte de Rabelais, passe-
rait son temps à boire, manger et dormir;
à manger, dormir et boire; à dormir, boire
et manger.

SCRUPULE.— Ecoutons l'ultra-Tartuffe,
acte IV, scène 5e.

Si ce n'est que le ciel qu'à mes vœux on oppose ,
Lever un tel obstacle est pour moi peu de chose.
. . . .
      Je sais l'art de lever les *scrupules* ;
Le ciel défend, de vrai, certains contentemens;
Mais on trouve avec lui des accommodemens.
Selon divers besoins, il est une science
D'étendre les liens de notre conscience,
Et de rectifier le mal de l'action
Avec la pureté de notre intention.

SCULPTURE. — Art qui ne doit être consacré qu'à reproduire les physionomies des saints, des saintes, des curés, des martyrs, des bedeaux et des christ de soixante pieds de hauteur, à l'usage des enfans au-dessous de sept ans.

SÉANCE. — Les ultra trouvent toujours les séances trop longues : ils se fondent sur ce vers de Boileau :

Un dîner réchauffé ne valut jamais rien.

SECRET. — Expression que les ultra font toujours rimer avec lettres de *cachet*. Ces deux mots sont inséparables dans leurs idées et dans leur langue.

Quand une chose est connue et qu'on veut encore en faire un mystère, on dit que c'est le secret de la comédie. Les projets des ultra, le gouvernement occulte, la puissance de l'armée de la foi, les intentions pacifiques de la sainte alliance, sont depuis long-temps des secrets de comédie.

SÉDITIEUX. — Epithète que les ultra accollent à tout ce qui les contrarie. Dire qu'un ultra est un sot, c'est proférer un cri *séditieux ;* ne pas applaudir à ses discours, c'est garder un silence *séditieux ;* s'opposer à ses projets, c'est mener une conduite *séditieuse.*

SÉDITION. — Voyez *Conspiration, Agent provocateur.*

S'ENROLER. —Action blâmable quand elle a pour but de repousser une invasion étrangère, sollicitée par des notes secrètes ; action louable quand elle a pour but la défense d'un parti. Selon les ultra, les grenadiers volontaires de 1789 sont des brigands, et Moreau a bien mérité de la patrie.

SÉPULTURE. —Les anciens brûlaient les morts, les fanatiques voudraient brûler les vivans. Voyez *Inquisition.*

SERF. — La France ne recouvrera son

ancienne splendeur qu'au moment où les ultra ressaisiront leurs droits et leurs privilèges, et que les vilains redeviendront serfs. L'esclavage est la condition la plus naturelle à l'homme, la plus favorable à l'industrie.

SERMENT. — Les libéraux n'en ont qu'un; les ultra ne comptent plus les leurs; c'est un moyen commode et économique d'éloigner un danger et qui n'engage à rien, quand on connaît l'art des restrictions mentales.

SERMON. — Éloquence politique, administration et talent littéraire des ultra.

SERPENT. — Symbole de l'adresse et de la prudence pour les ultra; il y en a de plusieurs espèces; mais ils préfèrent le serpent à sonnettes.

SERRE-AIL. — Parnasse, arsenal poétique et militaire des ultra.

SERVILE. — Nom qu'on donne aux ultra d'Espagne et qui convient également à ceux de tous les pays.

SESSION. — Époque de dîners, de sermons, de démence, d'indigestions, de fureur et d'ineptie pour les ultra. Les marchands de commestibles la trouvent toujours trop courte ; et les ministres souvent trop longue.

SIÈCLE. — Texte bannal pour les injures, les calomnies et les outrages des ultra ; les royalistes constitutionnels appartiennent au siècle présent, les ultra appartiennent au 15e siècle.

SOLEIL. — Astre que les ultra ont rayé de leur manuel astronomique, parce qu'il a aussi ses *révolutions*. Le Dieu de la lumière est un factieux et un *révolutionnaire*.

SOPORIFIQUE. — Voyez *Opium.*

SOUPER. — Les ultra regrettent les soupers du siècle dernier ; ils les rétabliront dès qu'ils seront les plus forts, pour le plus grand avantage des mœurs et celui des députés du centre. C'est un repas de plus.

SOUSCRIPTION. — Acte séditieux quand il a pour but de secourir l'infortune et l'innocence dans l'exil ; moyen inventé par des cœurs généreux pour affaiblir le doux effet des lois d'amnistie.

SOUS-ENTENDU. — Restriction mentale fort commode pour les fanatiques. Ils crient *vive le roi !* sous-entendu : *à bas la charte !*

SOUTANE. — Un poëte célébre a dit fort spirituellement :

Que l'on m'amène un âne , un âne renforcé ,
Je le rendrai maître passé ,
Et veux qu'il porte la soutane !

SOUVERAIN. — Mot que les ministres jettent en avant, toutes les fois qu'ils se voient attaqués avec trop de vigueur.

SOUVERAINETÉ. — Despotisme ; les ultra ne reconnaissent de véritable souveraineté, dans l'histoire de France, que le règne de Louis XI et de Charles IX. Toute autre à leurs yeux est la faiblesse sur le trône. L'un de leurs écrivains les plus distingués et les plus philosophiques, attaché à la Préfecture de police, a fait récemment l'éloge de la Saint-Barthelemy.

En général, la souveraineté est un gâteau que les ultra voudraient bien voir diviser, à condition cependant que les vilains ne seraient pas admis au partage.

SUISSE. — Soldat national ; objet de la prédilection des ultra, parce qu'il ne parle pas français et qu'il est payé un peu plus que les soldats de l'armée française. D'ailleurs, les ultra ont tant de goût pour l'Allemagne, et en général pour les habitans du nord, qu'ils ont oublié le français et qu'ils ne comprennent que le suisse ; il est étonnant qu'ils n'aient pas encore proposé de transporter le siége du gouvernement français à Zurich ou à Schaffouse. M de Bonald n'a été éloquent qu'une fois, c'est en plaidant la cause des Suisses à la tribune nationale : *Ad uno disce omnes.*

SUPERFLU.—Les ultra appellent ainsi l'œil qui reste à un borgne. Ils prétendent que lorsqu'on n'y voit pas du tout, on y voit bien plus clair.

SUSPECT. — Les ultra n'ont plus même à envier au règne de la terreur la loi des suspects ; ils n'ont pas du moins le mérite de l'invention.

SURETÉ. — En cas d'attaque les ultra ont trouvé, trouvent et trouveront toujours leur *sûreté* dans la fuite. Les chevaux de poste sont leur arme défensive. Témoin Coblentz, la régence d'Urgel, etc., etc.

SAVONNETTE A VILAIN. — C'était autrefois le degré de noblesse pour un roturier ; mais autrefois la noblesse faisait la barbe aux roturiers ; aujourd'hui elle voudrait reprendre le rasoir , mais on ne veut plus de son ministère.

SINÉCURE. — Les ultra aiment bien les places ; mais ils leur préfèrent encore les sinécures ; du moins elles ne les compromettent pas.

SINGE. — Les ultra font tout ce qu'ils peuvent pour singer les royalistes ; mais toutes leurs protestations, toutes leurs déclamations hypocrites ne sont que de la monnaie de singe.

T.

TEMPS. — L'existence d'un ultra se compose de regrets du temps passé, de calomnies contre le temps présent et d'illusion pour l'avenir.

TÊTE. — Partie malade de l'ultra; ils ont fait mentir le proverbe qui dit : *Tête de fou ne blanchit jamais.* Le docteur Gall, qui a fait tant d'expérience sur les crânes, devrait bien examiner attentivement le crâne d'un ultra. Il y trouverait la bosse bien prononcée du fanatisme.

THÉATRE. — Les ultra voudraient faire fermer tous les théâtres; et disent, pour appuyer leur proposition, que le théâtre est *l'école des mauvaises mœurs*, parce qu'on y joue Tartuffe.

THÉOLOGIE (*Faculté de*). — Les ultra voudraient réduire toutes les facultés à la seule faculté de théologie. On demande si la jeunesse en sera plus religieuse et plus éclairée.

TITRE. — Les titres des royalistes constitutionnels ou libéraux sont l'amour et la défense de la patrie, la haine de l'étranger et le zèle pour maintenir les institutions d'une sage liberté; les titres des ultra sont les services dans les légions allemandes ou anglaises, et un grand fonds de haine pour la charte et la France.

TOLÉRANCE. — Voyez *Dragonnades*.

TRAGÉDIE. — Les ultra n'aiment pas la tragédie au théâtre; ils préfèrent la tragédie en action, surtout quand ils sont eux-mêmes acteurs.

TRANQUILLITÉ. — Situation d'un pays où le commerce et les arts rendent le peuple heureux; les ultra prétendent que c'est un état de révolution.

TRÉSOR PUBLIC. — Patrimoine des ultra ; c'est pour rentrer dans leur héritage prétendu qu'ils invoquent à tous propos la légitimité.

TRIBUNE. — Lieu d'où l'on peut injurier à son aise et calomnier la France pour louer l'étranger, et lui voter des indemnités, des remerciemens et des félicitations pour les maux qu'il nous a causés.

TRONE. — Le trône constitutionnel fait le désespoir des ultra ; ils tâchent d'ébranler sa base, et maudissent l'habileté de l'architecte qui l'a élevé sur des fondemens aussi solides. Ils voudraient rabaisser le trône constitutionnel au niveau d'une chaire de curé.

TYRAN. — Les libéraux ne supportent les *tyrans* que sur les scènes du boulevart ; les ultra voudraient les voir sur une plus grande scène dont ils seraient les principaux acteurs. C'est le secret de la comédie.

5

U.

UNIVERSITÉ. —*Voyez* Faculté de théologie.

UNIVERS. — Patrie des ultra ; ils adoptent l'Allemagne, la Russie, l'Angleterre, etc.; mais ils n'ont jamais songé à la France ; ils la regardent tout au plus comme une auberge où ils ne veulent même pas payer leur écot.

V.

VACCINE. — La petite vérole est une maladie très-salutaire et très-bonne pour le peuple ; elle détruit le superflu de la population. Aussi les ultra ne sont-ils guère partisans de la vaccine.

VENGEANCE. — Elle est le plaisir des dieux et le bonheur des ultra.

VICTIME. — Ce substantif a une acception toute nouvelle dans la langue ultra. Le fils d'un honnête artisan accourt en 1791, à la voix de la patrie en danger, sur les frontières envahies par les armées étrangères : il combat et répand son sang pendant trente années, et revient en France couvert de gloire et de blessures ; on lui dit qu'il ne pense pas bien, et il est renvoyé dans ses foyers avec une pension de cent et quelques francs.

Le marquis de *** s'est confiné dans une de ses terres depuis 1789 jusqu'en 1814. L'armée russe traverse la province qu'il habite ; il fraternise avec les cosaques, monte en croupe derrière un Tartare et arrive avec lui à Paris. Il fait valoir le service de ses vœux et de ses prières pour la chute de *l'usurpateur*, et sollicite le grade de maréchal de France ; il est nommé lieutenant-général ; il est décoré de plusieurs ordres ; mais il n'est pas maréchal de France. Le marquis de *** est donc une victime.

Celui qui avait combattu trente ans pour son pays, est un *factieux*, un *enfant* de la révolution ; on a assez fait pour lui en ne le fusillant pas.

VILAIN. — *Voyez* Bourgeois, laboureur.

VIOLETTE. — Les ultra assurent que cette fleur ne sent pas bon ; ils se connaissent en parfums, témoin leur affection pour l'ail, et l'ode que M. de Marcellus a composée à sa louange. Voyez *Parfum, ail.*

VOLTAIRE. — Athée, parce qu'il a fait ce vers :

Si Dieu n'existait pas, il faudrait l'inventer.

Les ultra regardent comme athées tous ceux qui ne partagent pas les principes ultra-montains. Les jésuites sont seuls à leurs yeux les vrais et bons chrétiens.

SUPPLÉMENT.

A.

ABSINTHE. — Les ultra prétendaient en 1814, que la charte constitutionnelle était de l'absinthe ; en 1823, ils disent que c'est de la ciguë ; bientôt ils diront que c'est de l'arsenic, s'ils ne l'ont pas déjà dit.

ABSOLUTION. — Erreur et faiblesse d'un tribunal ; arrêt que la timidité a dû arracher des juges ; les ultra ne conçoivent même pas l'absolution à l'église pour un libéral.

ACCOMMODEMENT. — Voy. *Scrupule.*

ALLUSION. — Moyen commode pour

faire dire et penser à un auteur ce qu'il n'a-
vait ni dit ni pensé. Invention de 1815.

B.

BARTHELEMY. (Saint-) — Patron
des fanatiques. Seul saint dont ils célèbrent
la fête avec un zèle pieux. Il est fort extraordinaire qu'ils n'aient pas encore ouvert une
souscription, pour élever une chapelle, sous
l'invocation de ce saint.

BIGOTISME. — Espèce de dévotion qui
n'est pas la plus honnête , mais qui est la
plus lucrative.

BAILLON. — Procédé doux et agréable
pour empêcher un détenu de parler et de
gémir.

C.

CLOITRE. — La révolution a détruit ces
lieux où la fainéantise et trop souvent les

vices abusaient du saint nom de la religion. Les ultra qui veulent ramener tout l'ancien régime, à défaut de personnages qui embrassent la vie monastique, voudraient *cloîtrer* tous les libéraux. Aussi vantent-ils les douceurs du cloître !

CROUPE.—Manière de monter à cheval, dans laquelle excellent les ultra : on en a vu en 1814 et en 1815, montés en croupe derrière des cosaques et traverser la France, sans tomber une seule fois et avec un courage extraordinaire, pour faire leur entrée triomphante à Paris.

E.

ECREVISSE. — Monture adoptée par les ultra ou fanatiques. Aussi font-ils beaucoup de chemin.... en arrière.

EMBALLEUR. — Voyez *Musée.*

F.

FOUET. — Excellente correction morale et religieuse pour former les jeunes gens à l'amour du Roi, des mœurs et du christianisme.

FRÉNÉSIE. — Nos plus grands médecins législateurs appelés à consulter sur la maladie des ultra, ont dit qu'elle se composait de frénésie et de fanatisme, et ont proposé pour remède l'application de la charte. A qui donc réserve-t-on les douches ?

H.

HÉBREU. — Le langage constitutionnel pour les ultra.

L.

LOGOGRIPHE. — La charte ; les ultra en cherchent le mot depuis quelque dix ans.

S.

SUBSIDES. — Impôt qui n'est légitime aux yeux d'un ultra que lorsqu'il est levé pour les étrangers, à condition cependant qu'il n'y contribue pas.

SUISSERIE. — Maladie patriotique des ultra. Voyez *Suisse*.

T.

TRAPPE (La). — Ecole militaire des ultra. C'est de là qu'ils prétendent que sortent les meilleurs généraux, les plus intrépides soldats , parce que le bras d'un trapiste *frappe et bénit.*

TURLUPINADE. — Bonne plaisanterie des ultra.

FIN.

Imprimerie de GŒTSCHY, rue Louis-le-Grand.